AUTORAS

María Acosta ❖ Ramonita Adorno de Santiago ❖ JoAnn Canales ❖ Kathy Escamilla
Joanna Fountain-Schroeder ❖ Lada Josefa Kratky ❖ Sheron Long ❖ Elba Maldonado-Colón
Sylvia Cavazos Peña ❖ Rosalía Salinas ❖ Josefina Villamil Tinajero
María Emilia Torres-Guzmán ❖ Olga Valcourt-Schwartz

Macmillan/McGraw-Hill

A Division of The McGraw·Hill Companies

NEW YORK   FARMINGTON

Teacher Reviewers

Hilda Angiulo, Jeanne Cantú, Marina L. Cook, Hilda M. Davis, Dorothy Foster, Irma Gómez-Torres, Rosa Luján, Norma Martínez, Ana Pomar, Marta Puga

ACKNOWLEDGMENTS

The publisher gratefully acknowledges permission to reprint the following copyrighted material:

"Luna, lunera" an excerpt from ANTOLOGÍA DE LA LITERATURA INFANTIL ESPAÑOLA 3 by Carmen Bravo-Villasante. © Carmen Bravo-Villasante. Published by Editorial Escuela Española, S.A. Reprinted by permission of the publisher.

"El sol" from CANCIONES PARA TODO EL AÑO by Ángela Figuera Aymerich. © 1984 Editorial Trillas, S.A. de C.V. Used by permission of the publisher.

EN EL DESVÁN by Hiawyn Oram. Spanish translation by María Elena Walsh. Copyright © 1984 Hiawyn Oram. Used by permission of Andersen Press Limited, London.

JULIETA Y SU CAJA DE COLORES by Carlos Pellicer López. © Editorial Patria, S.A. Used by permission of the publisher.

"Acuarela" from PALABRAS QUE ME GUSTAN by Clarisa Ruiz. Copyright © 1987 by Editorial Norma, S.A. Used by permission of the publisher.

CUÉNTANOS UN CUENTO by Allan Ahlberg. Spanish translation by María Elena Walsh. © Allan Ahlberg. © Hyspamérica Ediciones Argentina, S.A. 1986. Reprinted by permission of the publisher.

LA MARGARITA FRIOLENTA by Fernanda Lopes de Almeida. Illustrated by Laura Liberatore. © 1988 Ediciones Ekare-Banco del Libro. Used by permission of the author. Illustrations used by permission of Ediciones Ekare-Banco del Libro.

"Trato hecho" by Amado Nervo from ARCOIRIS DE POESÍA INFANTIL by Lucía Araya and Clementina Maldonado. © Editorial Universitaria, 1987. Reprinted by permission of the publisher.

QUERIDO SEBASTIÁN by Luz María Chapela. © 1989 by Consejo Nacional de Fomento Educativo. Published by Libros Del Rincón SEP. Reprinted by permission of the publisher.

CUANDO EL SOL DESAPARECIÓ. Spanish adaptation by Alma Flor Ada of HOW THE SUN WAS BROUGHT BACK TO THE SKY by Mirra Ginsburg. Copyright 1975 Mirra Ginsburg. Adapted with permission of Macmillan Publishing Company, a division of Macmillan, Inc.

CÓMO ES QUE RATÓN PÉREZ RESUCITA Y DEJA DE LLORAR CUCARACHITA by Herminio Almendros and Ruth Robés Masses. Extensive research failed to located the author and/or copyright holder of this work.

"Por el alto río" from POR EL MAR DE LAS ANTILLAS ANDA UN BARCO DE PAPEL by Nicolás Guillén. © Nicolás Guillén. © Lóguez Ediciones. Reprinted by permission of the publisher.

INFORMACIÓN ILUSTRADA

Instrucciones: letter excerpted from the book QUERIDO SEBASTIÁN by Luz María Chapela. © 1989 by Consejo Nacional de Fomento Educativo. Published by Libros Del Rincón SEP. Reprinted by permission of the publisher.

We are grateful for permission to reproduce the book covers only of the following books:

NADIE HA VISTO JAMÁS by Ch. Touyarot and M. Gatine. Copyright 1987 by Editorial Magisterio Español, S.A.

DONDE VIVEN LOS MONSTRUOS by Maurice Sendak. Spanish version by Augustín Gervás. Copyright © 1963 by Maurice Sendak © 1984, Ediciones Alfaguara, S.A.

PINTA, PINTA, GREGORITA by Lada Josefa Kratky. Copyright © 1990, 1992 Hampton-Brown Books.

YO SIEMPRE TE QUERRÉ by Hans Wilhelm. Copyright © 1985 by Hans Wilhelm. Spanish version by Carina Esteve Gomis. Editorial Juventud, S.A.

El AMIGO NUEVO by María Puncel. © 1987 Altea, Taurus, Alfaguara, S.A.

SAPO Y SEPO, INSEPARABLES by Arnold Lobel. Spanish version by Pablo Lizcano. © 1971, 1972 by Arnold Lobel. © 1987, Altea, Taurus, Alfaguara, S.A.

UNA SEMILLA NADA MÁS by Alma Flor Ada. Copyright © 1990 Hampton-Brown Books.

¿QUIÉN NACERÁ AQUÍ? by Alma Flor Ada. Copyright © 1989 Santillana Publishing Co., Inc.

COVER DESIGN: Designframe Inc., N.Y.C.
COVER ILLUSTRATION: Bill Mayer

ILLUSTRATION CREDITS
Unidad 1: Glen Iwasaki, 4, 6 (title design); Jon Goodell, 8-11; Doug Roy, 40-41; Kristofer Joseph, 41 (snail); Dennis Hockerman, 74-75; Cyd Moore, 76-79; Rik Olson, 84 (t.l.),88 (t.l.), 93 (t.l.), 97 (t.l.); Stacey Schuett, 98-99; Roberta Holmes-Landers, 102-127 (borders); Beatriz Vidal, 128-131. **Unidad 2:** Denise Hilton-Putnam, 132-135; Rik Olson, 160-163; Roger Chouinard, 192-193; Ron Grauer, 200-217, 220-221; Carlos Freire, 222-249; Teresa Starrett, 250-251. **Información ilustrada:** Alex Bloch, 255; Christa Kieffer, 256; Jim LaMarche, 257; Ron Grauer, 257. **Glosario:** Barbara Reinertson, 262-266; Anne Dougherty, 267; Anne Dougherty, 269 (t) (m); Little Man, 269 (b); Barbara Reinertson, 270; Barbara Reinertson, 271 (t); Anne Dougherty (b).

PHOTOGRAPHY CREDITS
All photographs are by the Macmillan/McGraw-Hill School Division (MMSD) except as noted below.
Unidad 1: 39: t.r. Hiawyn Oram; b.l. Anderson Press Ltd. 42: Courtesy of Carlos Pellicer López. 100: Coutesy of Allan Ahlberg. **Unidad 2:** 164: Courtesy of Luz María Chapela. 166-167: Scott Harvey for MMSD. 168-169: Mike Medici. 170-191: Scott Harvey for MMSD. 194-219: Grant Huntington. 220: Courtesy of Alma Flor Ada. 249: Natalie Celuch. 260: Comstock. 261: t. Michael Stukey/Comstock. b. Ken M. Higheill/ Photo Researchers, Inc. 256: Nimatallah /Art Resource. 263: t. Russ Kinne/Comstock. b. Stephen J. Krasemann/ Photo Researchers, Inc. 264: Comstock. 266: C.Z. Momatiuk/ Photo Researchers, Inc. 267: Michael Stukey/Comstock. 268: t. Ken M. Higheill/ Photo Researchers, Inc.; b. Comstock.

Macmillan/McGraw-Hill

A Division of The McGraw·Hill Companies

LUNA, LUNERA

Luna, lunera,
cascabelera;
cinco pollitos
y una ternera.

Tradicional

¡Qué fantasía!

¡AMIGO mío!

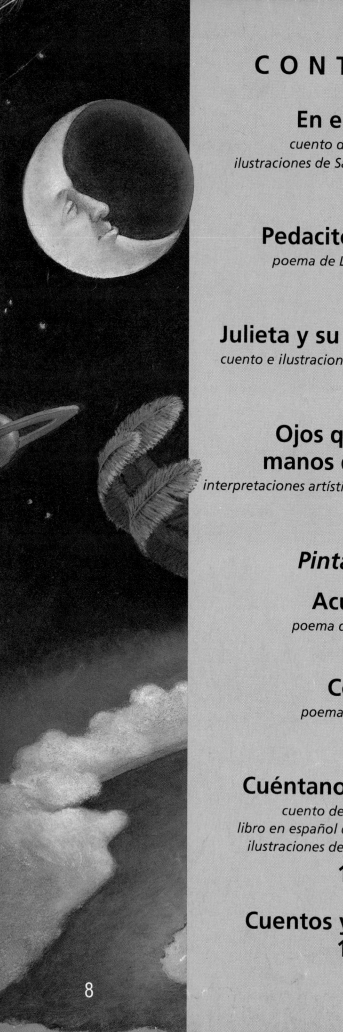

CONTENIDO

¡Qué fantasía!

El sol

El sol es una gran naranja.
—Y ¿quién la exprime?
—Los labios de la aurora
cuando sonríe.

El sol es un fresón maduro.
—Y ¿quién lo come?
—Lo comen las montañas
y el horizonte.

El sol es un balón de fuego.
—Y ¿quién lo juega?
—Las nubes y los rayos
de la tormenta.

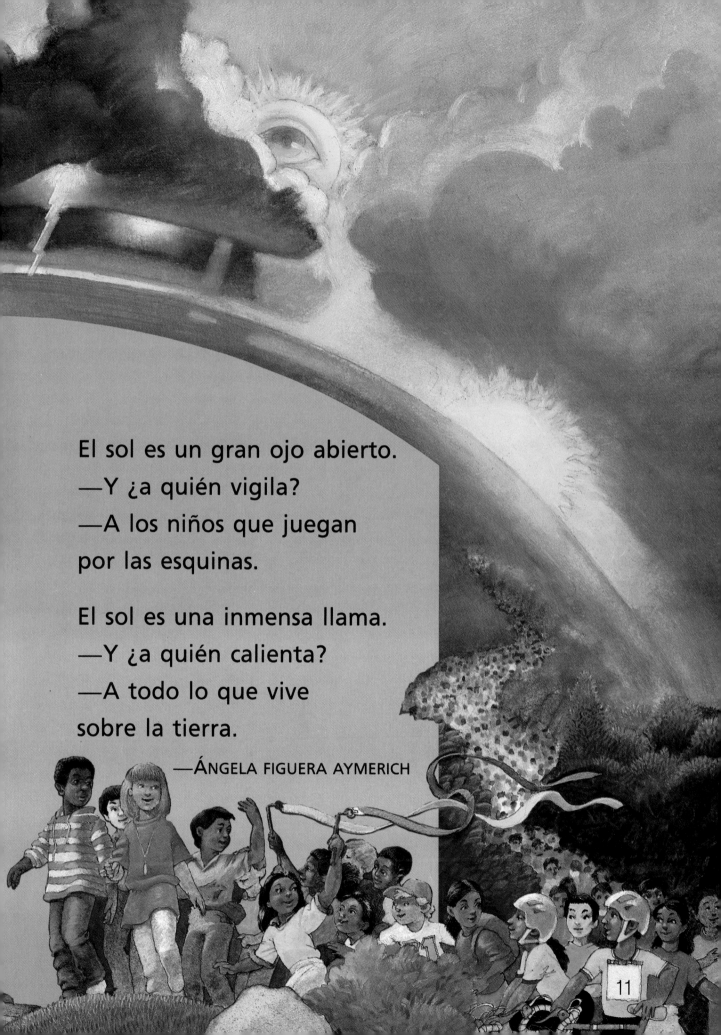

El sol es un gran ojo abierto.
—Y ¿a quién vigila?
—A los niños que juegan
por las esquinas.

El sol es una inmensa llama.
—Y ¿a quién calienta?
—A todo lo que vive
sobre la tierra.

—ÁNGELA FIGUERA AYMERICH

11

EN EL DESVÁN

Hiawyn Oram
ilustraciones de Satoshi Kitamura

12

Yo tenía un millón de juguetes y me aburría.

Entonces subí al desván.

Allí me quedé.

En el desván no había nada. ¿Nada?

Encontré a una familia de ratones,

una colonia de escarabajos, y un sitio

tranquilo y fresco donde descansar y pensar.

Me encontré con una araña y tejimos una tela.

Abrí una ventana que abría otras ventanas.

Encontré un motor viejo

todo lo que había encontrado

y encontré un amigo.

Mi amigo y yo encontramos un juego que

era interminable porque cambiaba todo el tiempo.

Bajé del desván y le conté a mamá
que había pasado allí el día entero.

—Pero esta casa no tiene desván
—dijo ella.

En fin, mamá no tenía
por qué saberlo ¿verdad?

Y nunca encontró la escalera.

Conozcamos a

Hiawyn Oram

De niña Hiawyn Oram vivió en
Sudáfrica. Dice: —No había televisión. Los
mejores juegos eran los de la imaginación.
Los jugaba sola o con mis amigos.
"En el desván" trata sobre las cosas
maravillosas que creamos en la mente.

Conozcamos a Satoshi Kitamura

Satoshi Kitamura dice que su idea para
"En el desván" contiene una broma bien
escondida: —El desván es la parte de una
casa donde ponemos las
cosas que no usamos. ¡El
cerebro es la parte de la
cabeza donde se ponen las
ideas que no siempre usamos!
Entonces, me imaginé a un
niño en su desván usando su
imaginación para ver todo tipo
de cosas en su desván.

Pedacitos de papel

Con un pedacito de papel
podrás hacer:
un cangrejo,
una flor,
un conejo,
un caracol . . .
Eso y más podrás hacer
con tu imaginación
y un pedacito de papel.

—Lada Josefa Kratky

Conozcamos a Carlos Pellicer López

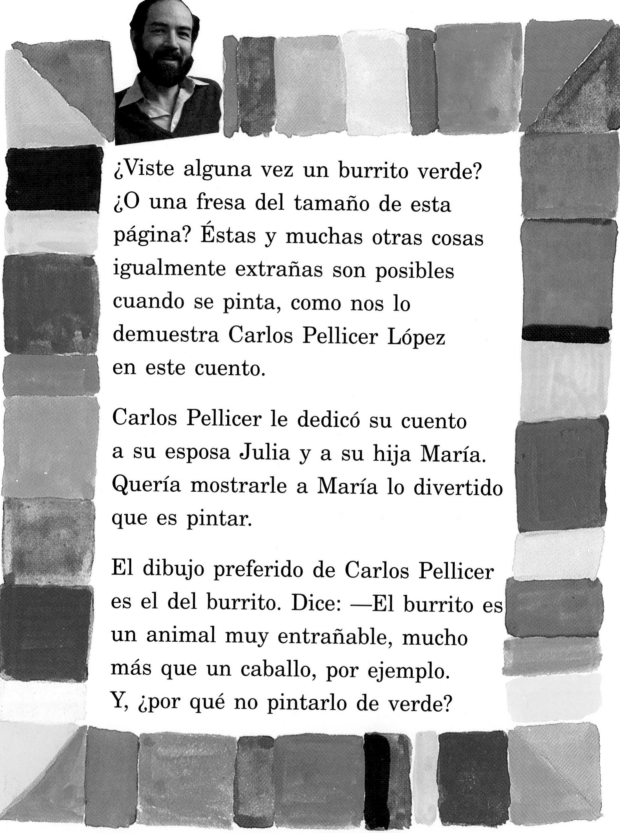

¿Viste alguna vez un burrito verde?
¿O una fresa del tamaño de esta
página? Éstas y muchas otras cosas
igualmente extrañas son posibles
cuando se pinta, como nos lo
demuestra Carlos Pellicer López
en este cuento.

Carlos Pellicer le dedicó su cuento
a su esposa Julia y a su hija María.
Quería mostrarle a María lo divertido
que es pintar.

El dibujo preferido de Carlos Pellicer
es el del burrito. Dice: —El burrito es
un animal muy entrañable, mucho
más que un caballo, por ejemplo.
Y, ¿por qué no pintarlo de verde?

42

JULIETA
Y SU CAJA DE
COLORES

UN CUENTO ILUSTRADO DE
CARLOS PELLICER LÓPEZ

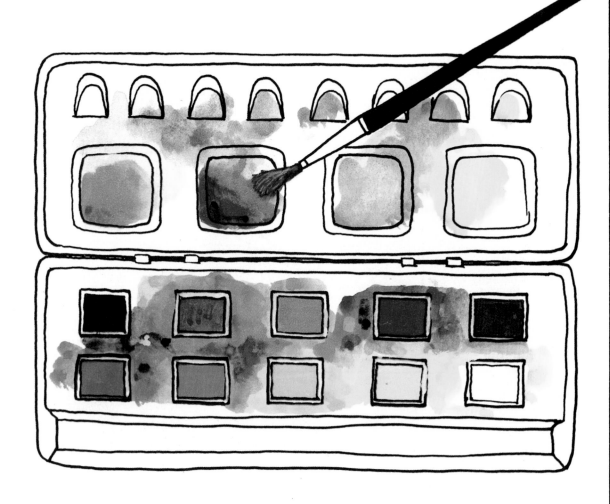

**Primer Premio Antoniorrobles 1983,
al mejor texto y la mejor ilustración**

JULIETA Y SU CAJA DE COLORES.

PARA JULIA Y MARÍA, QUE LLENAN MI CAJA DE COLORES.

CUANDO A JULIETA LE REGALARON UNA CAJA DE COLORES, NO SABÍA CUÁNTO SE IBA A DIVERTIR.

UNa TARDE QUE LLOVÍA

48

NO PUDO SALIR A JUGAR CON SUS AMIGOS. PARA NO ABURRIRSE, SACÓ SU CAJA DE COLORES Y EN UNA HOJA DE PAPEL, EMPEZÓ A PINTAR.

PINTÓ UNA CIUDAD QUE PARECÍA DE UN CUENTO, DE UN PAÍS LEJANO, COMO SI SE HUBIERA HECHO DE UN TABLERO DE CUADRITOS DE COLORES.

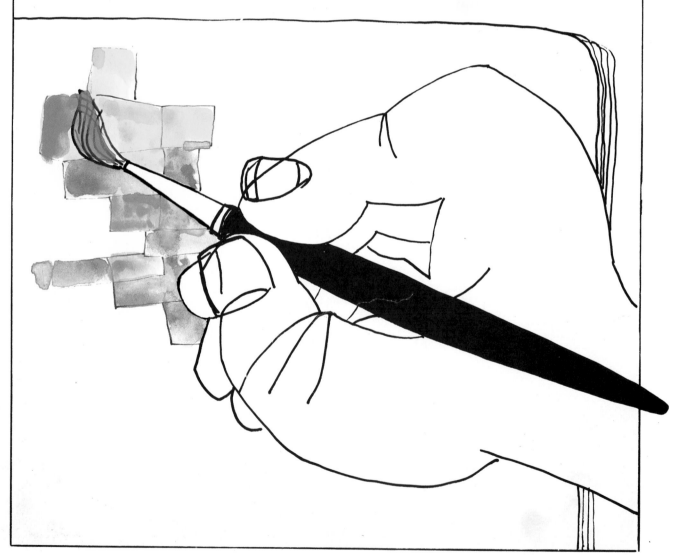

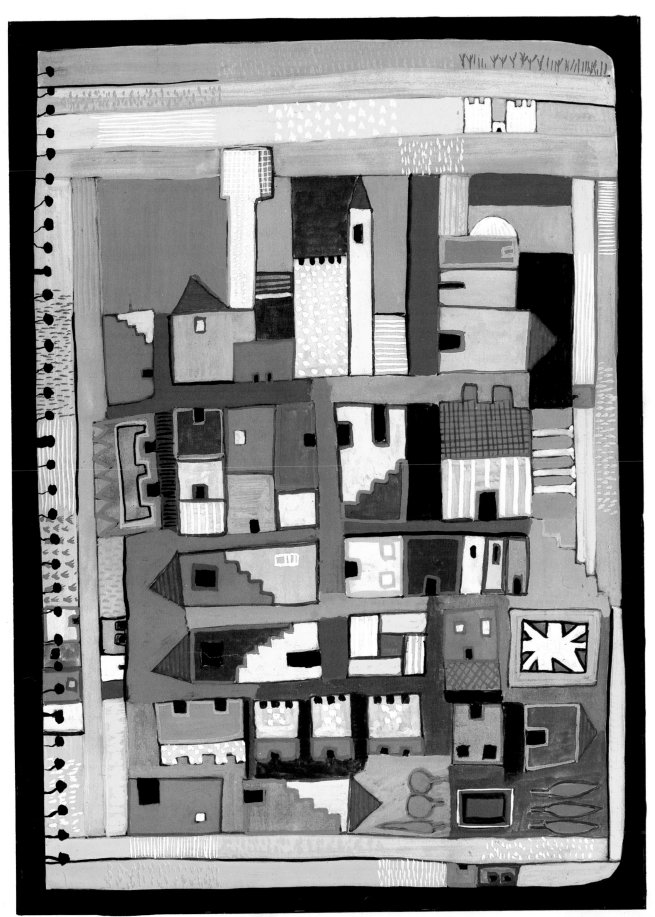

AL DÍA SIGUIENTE,
UN DÍA LLENO DE SOL,
QUISO ACORDARSE DE LA
TARDE LLUVIOSA Y

POCO A POCO SU HOJA
DE PAPEL FUE LLENÁNDOSE
DE NUBES Y GOTITAS,
HASTA QUE VIO UNA GRAN
TORMENTA.

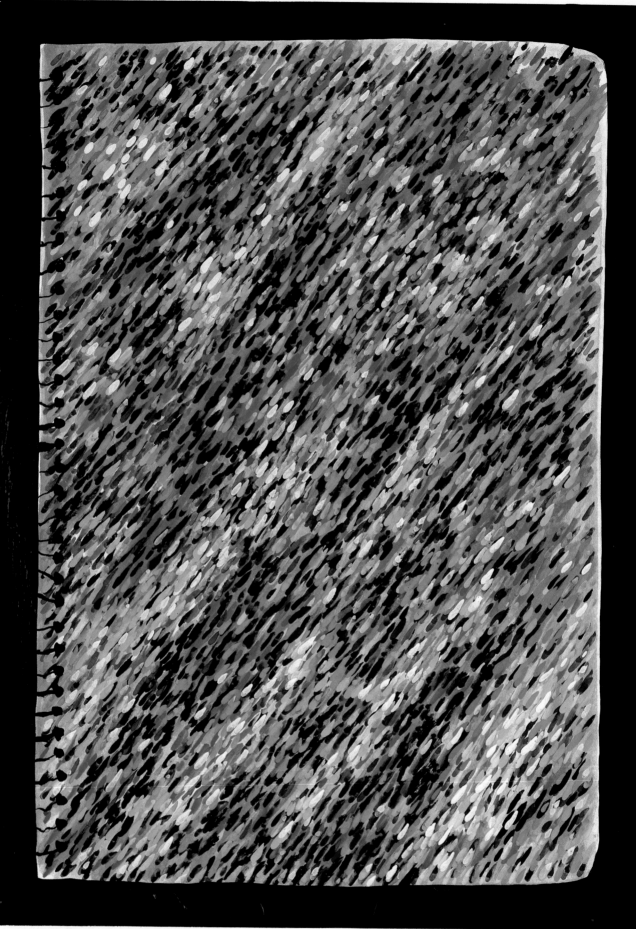

54

JULIETA EMPEZABA A DIVERTIRSE MUCHO CON SU CAJA. SENTÍA QUE CON ELLA PODÍA VER EN EL PAPEL LO QUE NO TENÍA DELANTE DE LOS OJOS.

Imaginó una fresa tan grande, que no cabía en el papel. Era enorme, jugosa, dulce y muy roja.

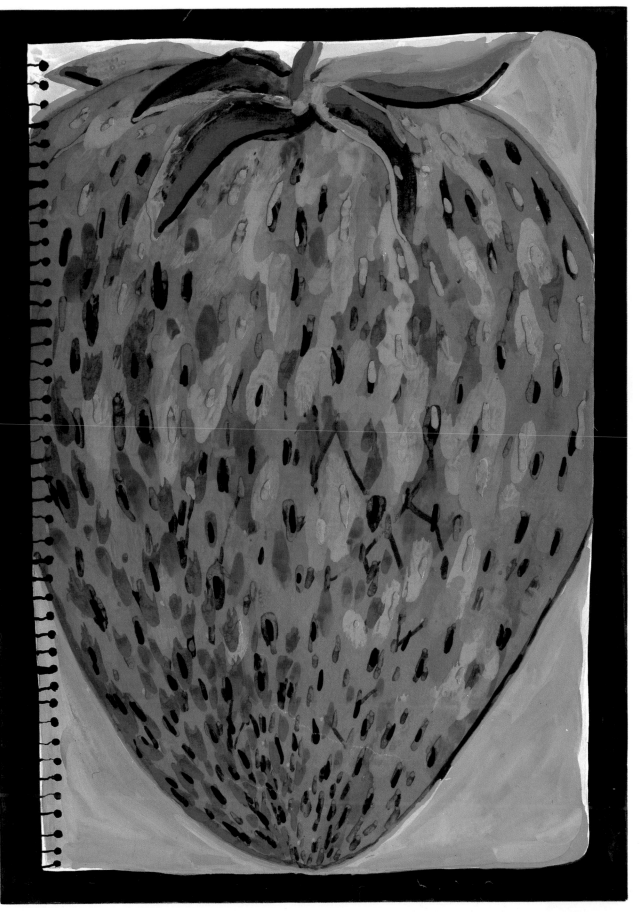

57

CÓMO SE RIÓ
CUANDO PINTÓ
UN BURRO
VERDE.
¡ SE VEÍA TAN
CHISTOSO!

59

Y AUNQUE ELLA SABÍA QUE LOS BURROS NO SON VERDES, CON SU CAJA DE COLORES SÍ PODÍAN SERLO.

UN DÍA, CUANDO SE DESPERTABA TEMPRANO PARA IR A LA ESCUELA, OYÓ CANTAR MUCHOS PÁJAROS EN LA FRONDA DEL PINO QUE ESTABA FRENTE A SU VENTANA.

TODO ESE DÍA PENSÓ: ¿DE QUÉ COLOR ES EL CANTO DE LOS PÁJAROS?

POR LA NOCHE ANTES DE DORMIR, TRATÓ DE IMAGINAR CON SU CAJA DE COLORES, AQUELLO QUE HABÍA OÍDO EN LA MAÑANA. Y ESTO APARECIÓ:

64

ESA NOCHE JULIETA SOÑÓ COSAS EXTRAÑAS, TAN RARAS COMO NUNCA HABÍA VISTO.

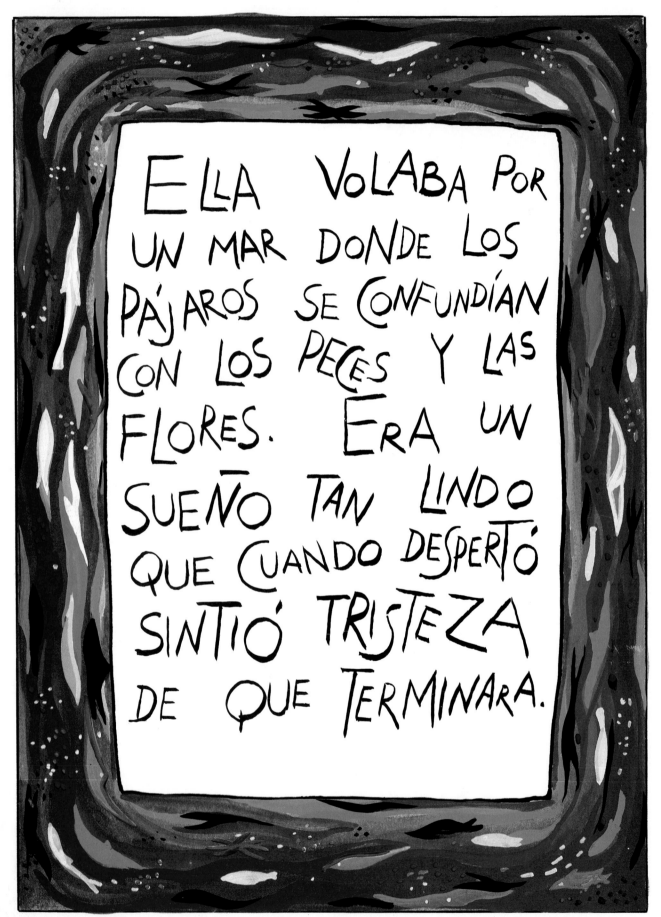

ELLA VOLABA POR UN MAR DONDE LOS PÁJAROS SE CONFUNDÍAN CON LOS PECES Y LAS FLORES. ERA UN SUEÑO TAN LINDO QUE CUANDO DESPERTÓ SINTIÓ TRISTEZA DE QUE TERMINARA.

PERO TRATÓ DE RECORDARLO POR LA TARDE, CUANDO REGRESÓ DE LA ESCUELA Y SACÓ SU JUEGO PREFERIDO: ¡SU CAJA DE COLORES!

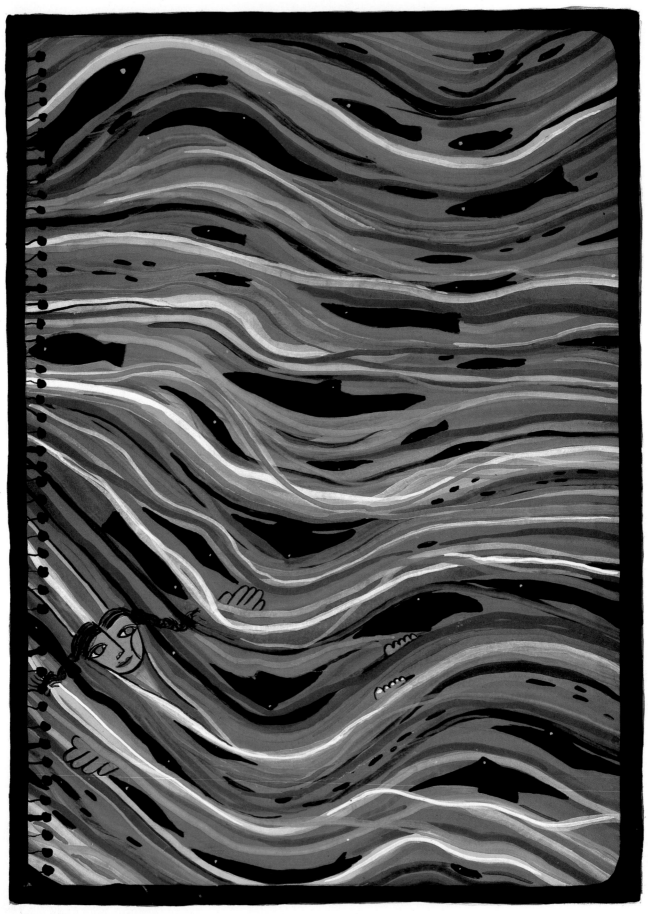

PORQUE COMO LOS MAGOS QUE HACEN
APARECER CONEJOS EN LOS SOMBREROS

O BARAJAS EN EL AIRE,

ASÍ ELLA, CON SUS COLORES, HACÍA APARECER CIUDADES, LLUVIAS Y FRUTAS, BURROS DE COLORES, CANTOS DE PÁJAROS Y SUEÑOS EN SU CUADERNO.

¿Burros verdes? ¡Imposible!

Pero en los cuentos puede pasar de todo.

Nadie ha visto jamás
por Ch. Touyarot y M. Gatine

En este libro verás cosas que sólo pueden verse en cuentos, como un pez volando, un ratón persiguiendo a un gato y muchas cosas más.

Donde viven los monstruos
por Maurice Sendak
libro en español de Agustín Gervás

Max se ha portado mal y su mamá lo ha mandado a su cuarto. Allí, esa misma noche, nace un bosque, aparece un océano y Max se va de viaje en un barco. Vete con él a la isla extraña a la que llega.

Pinta, pinta, Gregorita
por Lada Josefa Kratky

Gregorita se pone a pintar, pero cada vez que le da la espalda al cuadro, ocurre algo misterioso.

Ojos que miran, manos que pintan

interpretaciones artísticas de estudiantes bilingües

¿Qué cosa es tan especial que nadie tiene una igual?
Sigue el camino para hallar la respuesta.

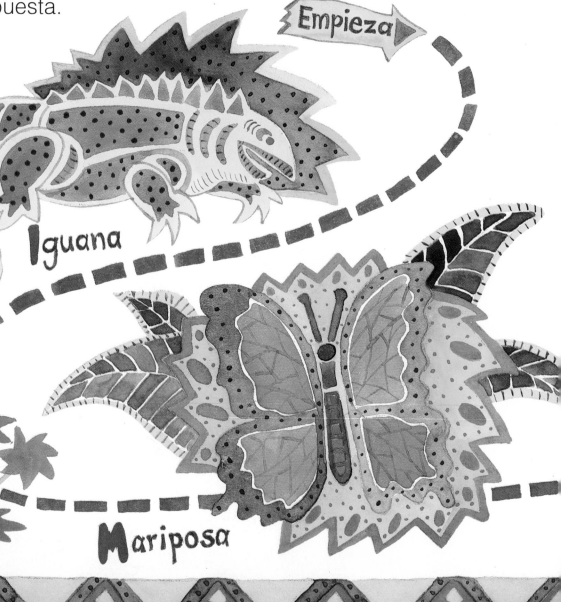

Empieza

Iguana

Mariposa

Gallo

Ardilla

Iguana

Nutria

Ardilla

Conejo

Oso

Nutria

Iguana

Fin

Puedes usar tu imaginación para resolver advinanzas y para ver las cosas de una manera especial. Piensa bien en un monstruo. ¿Cómo te lo imaginas tú? Ahora, mira lo que ven los ojos de otras personas cuando se imaginan un monstruo.

El monstruo es feo y asusta a los niños.
Tiene los ojos grandes y los dientes
largos. El monstruo es como una careta.
Viene de una finca y tiene la boca
grande para comerse a la gente.

—Luis Torres, 7 años de edad
Hartford, Connecticut

El monstruo vive en una casa bien asustada. Vive con una bruja. Quiere atrapar a las personas.

—María López, 6 años de edad
Seaside, California

El monstruo vive donde viven los demás, en cuevas. Vive con las brujas. Los monstruos asustan. Hacen ruido y nos despiertan. Comen carne y sopa con veneno.

—Lady Hernández, 6 años de edad
Seaside, California

—Jaime Torres, 6 años de edad
Seaside, California

El monstruo vive
en la cueva. Hay
animales en la cueva.
Hay tigres, moscos
y un lobo. A veces
el monstruo sale
y nos agarra.

Mira lo que ven diferentes ojos cuando se imaginan una flor.

Las flores huelen bonito. Ayudan a que la ciudad huela bonito. Mi flor huele a fresa. Mi flor es roja. Tiene muchas hojas en los lados.

—Claudia Gutiérrez, 7 años de edad
El Paso, Texas

Mi flor es anaranjada. Mi
flor está para que el mundo
se vea bonito. Mi flor huele a
perfume. Mi flor es mágica.

—Lilia García, 6 años de edad
  El Paso, Texas

Las flores están
en el zacate. Mi papi
está plantando flores
para mi mami. No
quiere que las pise.

—Beatriz Suárez
  6 años de edad
  Seaside, California

La gente planta las flores.
Hay flores en el jardín.
Las flores son de colores.
Las flores son regalos
para las mamás.

—Sandra Lozano
7 años de edad
Houston, Texas

Las flores no son del mismo color.
Algunas son rojas, otras son moradas.
Las flores sirven para adornar la tierra.
Las flores son hermosas.

—Luis Chávez, 7 años de edad
El Paso, Texas

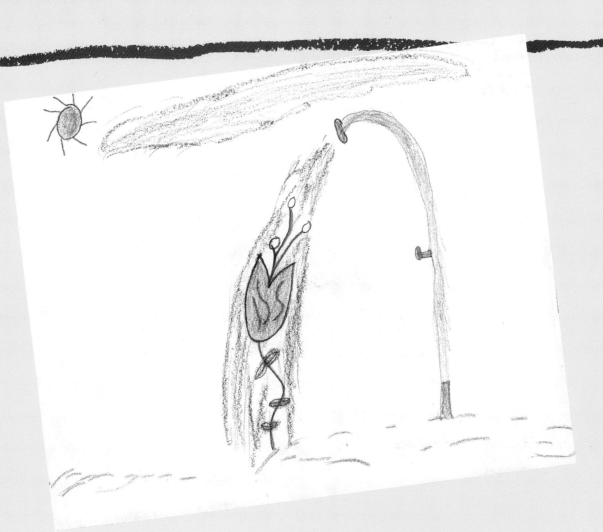

Esta flor da miel. Mi flor tiene
tres antenas. Las abejas cogen
el néctar de la flor.

La manguera riega la flor con agua. La
flor se ve brillante, porque le da el sol.
Mi flor crece bien grande.
Mi flor está contenta.

—Josué Banchs, 7 años de edad
Hartford, Connecticut

Mira lo que ven diferentes ojos cuando se imaginan un castillo.

El castillo es grande y tiene una bandera. Allí viven el rey y la reina. En las torres hay soldados que cuidan el castillo. En el castillo hay muchas cosas lindas y se celebran muchas fiestas, con mucha comida, música y bailes. Yo quiero vivir en ese castillo.

—Manuel Burgos, 8 años de edad
Hartford, Connecticut

Mi castillo es lindo y está en el bosque. Tiene una bandera de Puerto Rico en el techo. Las ventanas son pequeñas y las puertas son grandes. En mi castillo viven el rey y la princesa. Adentro hay muchas sillas para que los hombres que cuidan el castillo se sienten.

—Ileana Ramírez, 6 años de edad
Hartford, Connecticut

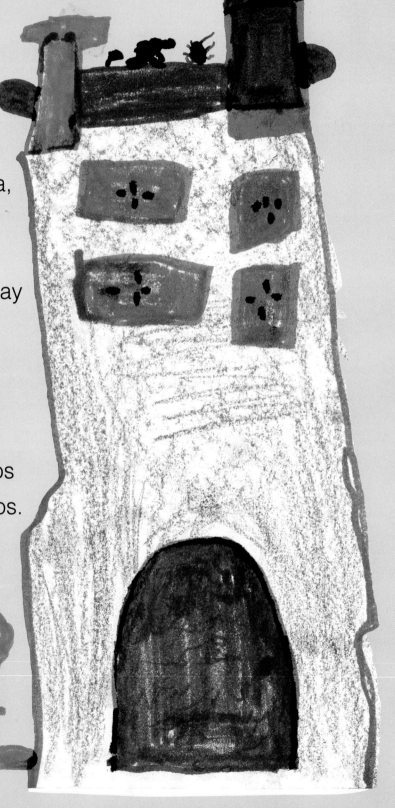

El castillo es rojo
y grande. El rey
y la reina viven en
el castillo. Bien arriba,
en el castillo, hay un
dragón que vela
el castillo. También hay
una bandera. Es la
bandera del castillo.
Por dentro, el castillo
es muy bonito.
Los muebles son rojos
y hay muchos cuadros.

—Braulio Alicea
7 años de edad
Hartford, Connecticut

90

El castillo está en el bosque. Los reyes viven en el castillo. La gente viene al castillo a visitarlos. Adentro hay muchachas y perros.

—Marta Vera, 6 años de edad
Seaside, California

Yo estoy en el castillo. En el castillo está el rey y yo soy la reina Maribel. El castillo es grande, de oro, y está al lado del mar. El rey y yo tenemos dos hijos. Todos los días nosotros desayunamos en el jardín del castillo. En las torres, que son muy altas, están los guardias. Todos somos muy felices en el castillo.

—Maribel Rodríguez, 7 años de edad
Hartford, Connecticut

Mira lo que ven diferentes ojos cuando se imaginan el mar.

El mar se encuentra en el mundo. El mar es brillante, gris, también azul, y las olas son espuma. El mar es agua de muchos colores. En el mar viven peces, ballenas y tortugas. También pájaros como la gaviota. El mar es agua, mucha agua.

—Luis Fernando Ramírez, 7 años de edad
El Paso, Texas

El mar es pura belleza. El mar es vecino del sol y de la tierra. El mar es azul y oscuro. El mar es de agua y de sal. Necesito el mar para vivir. Me da de comer. Quiero sentir el mar.

—Armando Rivera, 7 años de edad
El Paso, Texas

El mar está en Monterey. Yo voy al mar a jugar. Tiro la pelota al agua y me la trae otra vez.

—Julio Hernández, 6 años de edad
Seaside, California

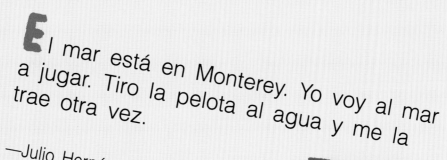

El mar es la vida y se encuentra en muchas partes. El mar es alegría y tristeza. A unos les da joyas y a otros les da de comer. A mí me da conchas y la vida. Sin agua no hay nada.

—Esperanza Castañeda, 7 años de edad
El Paso, Texas

Mira lo que ven dos ojos cuando se imaginan unas montañas. ¿Cómo te las imaginas tú?

En las montañas hay animales.
En las montañas hay nopales.
Las montañas son bonitas y bellas.
Las montañas son como un rey.

—Fernando Yáñez, 7 años de edad
Tucson, Arizona

Pinta,

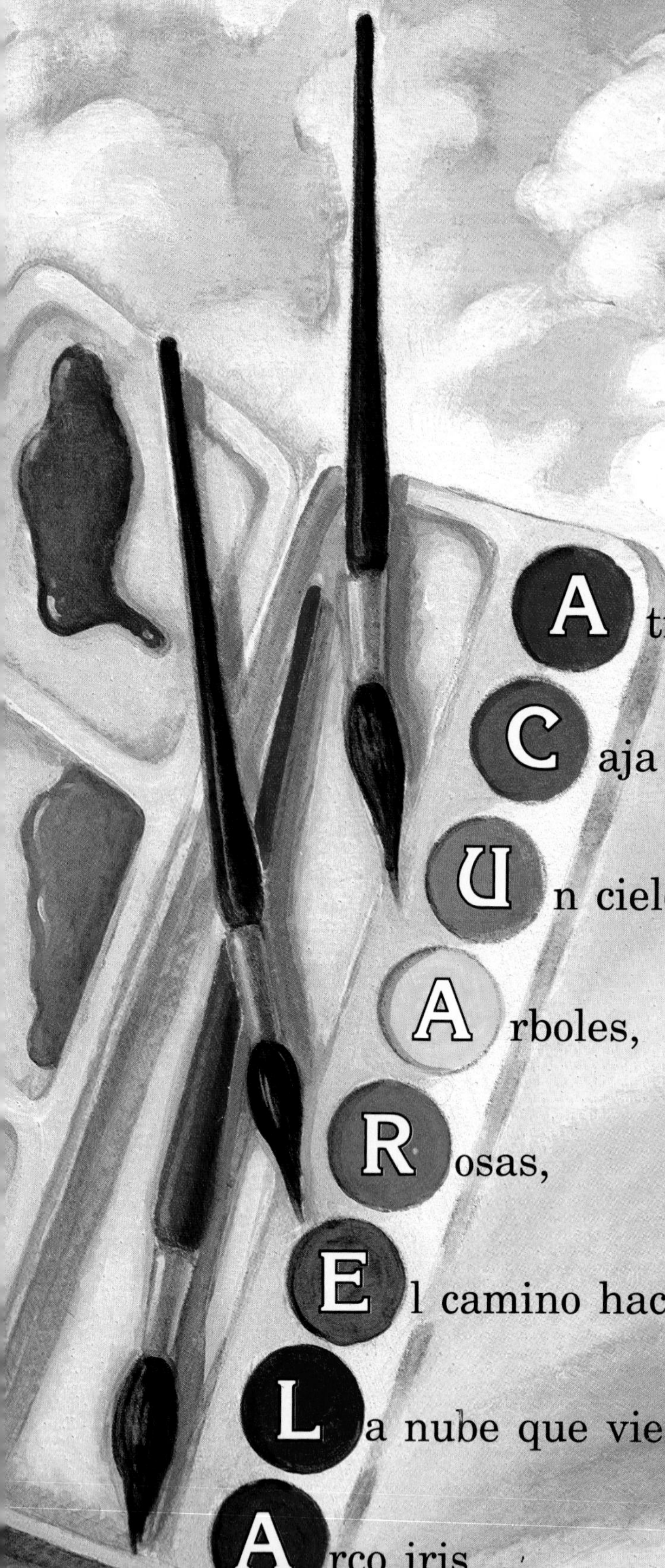

Acuarela

A trapados en la

C aja de acuarela,

U n cielo, el sol,

A rboles,

R osas,

E l camino hacia la casa,

L a nube que viene y pasa, y el

A rco iris.

—Clarisa Ruiz

98

pinta

Copla

Colores y más colores,
colores te doy, mi niña,
para que pintes el jugo
de la naranja y la piña.

—Tradicional

Conozcamos a Allan Ahlberg

¿Has visto a un gorila leer? ¿O a un canguro que pone sus compras en el bolsillo que tiene en la panza? Pues, en los libros de Allan Ahlberg, todo esto y más es posible. Allan Ahlberg escribe de una manera que nos hace reír. Seguro que te reirás al leer "Cuéntanos un cuento".

¿Éste es el principio?

Allan Ahlberg

CUÉNTANOS UN CUENTO

libro en español de María Elena Walsh
ilustraciones de Colin McNaughton

Índice

El cerdo

El gato

El caballo

La vaca

El cerdo

Dos chicos
se fueron a la cama.

—Cuéntanos un cuento, papá
—dijeron.

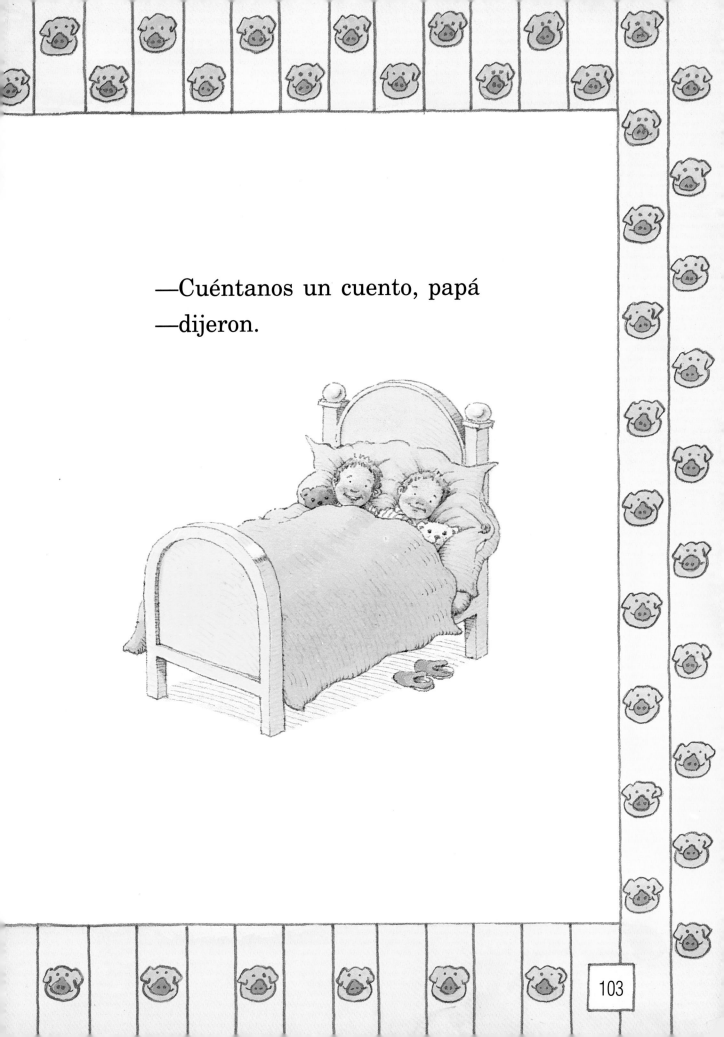

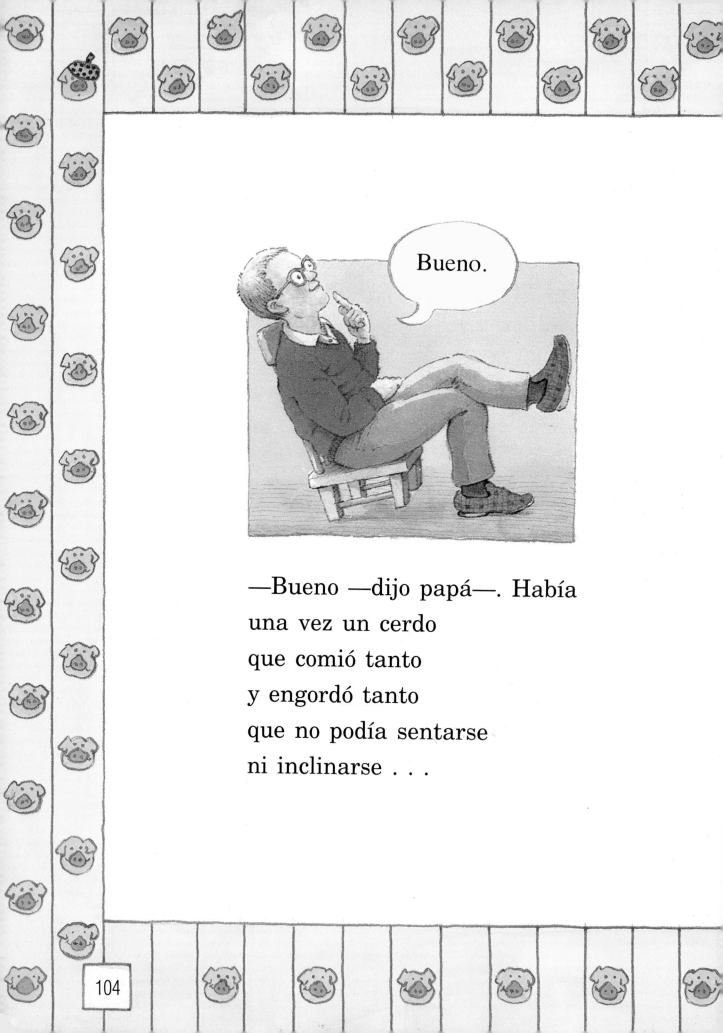

Bueno.

—Bueno —dijo papá—. Había
una vez un cerdo
que comió tanto
y engordó tanto
que no podía sentarse
ni inclinarse . . .

Y entonces comía de pie
y engordó más. ¡Fin!

¡Fin!

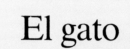

El gato

—Ese cuento es malo, papá
—dijeron los chicos—. Cuéntanos
uno mejor.

—Bueno —dijo papá—. Había
una vez un gato
que comió tanto
y engordó tanto

que reventó
y tuvo que remendarse la piel
con máquina de coser
y una cremallera. ¡Fin!

¡Fin!

El caballo

¡muy!

—Ese cuento es muy tonto, papá
—dijeron los chicos.

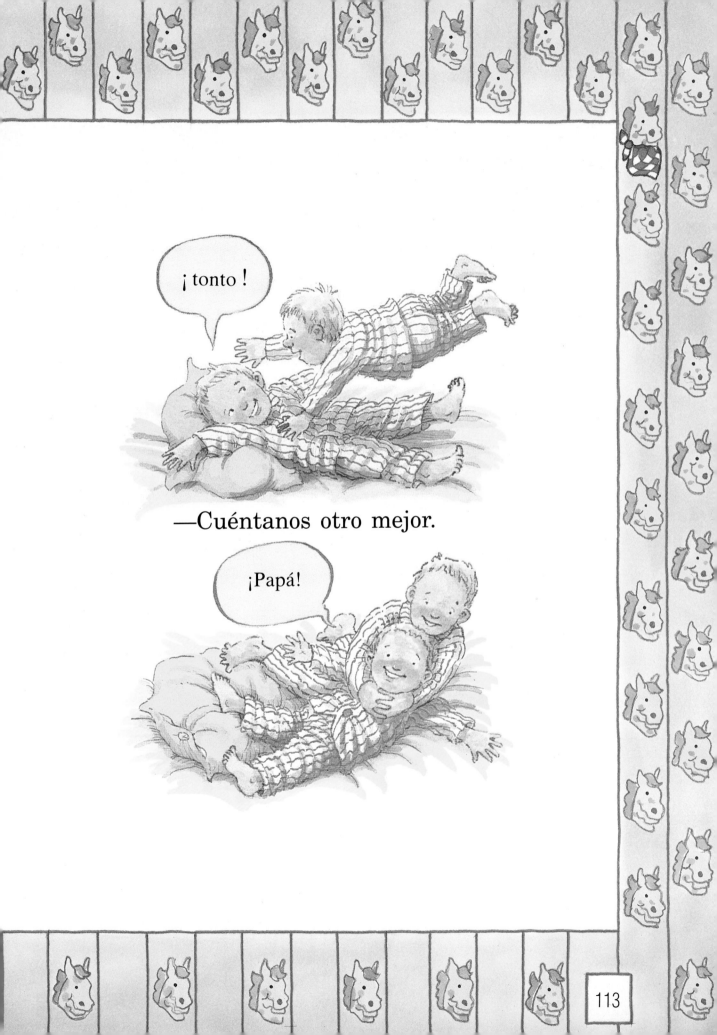

—Cuéntanos otro mejor.

—Bueno —dijo papá—. Había
una vez un caballo
que comió tanto
que se murió.

¡Fin!

La vaca

—Ese cuento es muy triste, papá —dijeron los chicos—. Cuéntanos uno más alegre.

¡Bueno!

¡Tengo que llenar cuatro estómagos!

—Bueno —dijo papá—. Había
una vez una vaca
que comió tanto
que ahora

ocupa dos campos

y bloquea un camino,

y para ordeñarla
¡la tienen que remolcar!

Gana todos los premios
y las medallas
porque da la mejor leche
y el *muuuu* más fuerte.

UUUUUUUU!

—Colorín colorado
—dijo papá—. ¡No hay más!

Y cerró los ojos
y se puso a roncar.

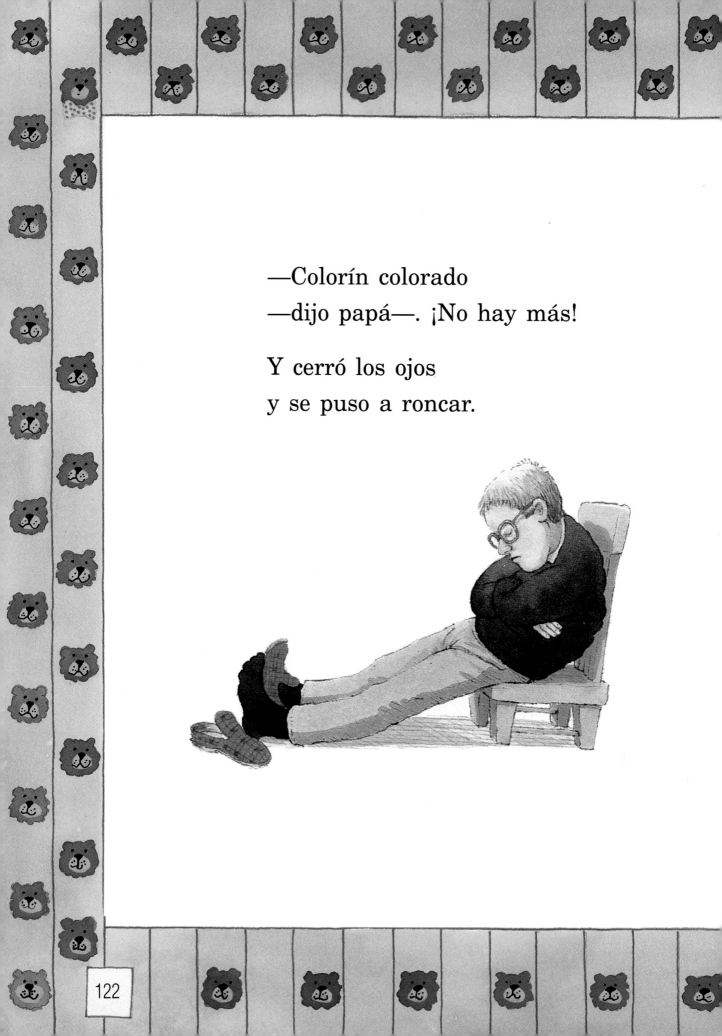

Entonces los chicos
se levantaron
y bajaron por la escalera . . .

. . . para pedirle a mamá.

Fin.

**Colorín colorado,
este cuento
SÍ se ha acabado.**

Cuentos y cuentistas

Por todo el mundo hay personas que cuentan cuentos, y por todo el mundo existen diferentes maneras de contar cuentos.

Los incas del Perú contaban cuentos usando una soga de cuero llena de nudos. Cada nudo representaba un suceso diferente del cuento.

128

En África se cuentan
cuentos usando hilos.
Uno de los cuentos es
de un mosquito.

Los indios iroqueses
viven en los Estados Unidos.
El cuentista iroqués, por
ejemplo, abre una bolsita
que lleva consigo antes
de empezar a hablar.
En ella hay plumas, semillas,
muñequitos y garras de ave.
Cada objeto sirve para
acordarse de un cuento.

En Australia la cuentista
hace dibujos en la arena
al contar cuentos. Traza un
dibujo, lo borra y, al seguir
contando, traza otro.

CONTENIDO

¡AMIGO MÍO!

**La amistad es un tesoro
que vale más que el oro.**

—DICHO TRADICIONAL

CONOZCAMOS A
FERNANDA LOPES DE ALMEIDA

De niña, Fernanda Lopes de Almeida inventaba historias y se las contaba a su familia, haciéndoles creer que las estaba leyendo de un libro.

En cuanto aprendió a leer y escribir, empezó a escribir esas mismas historias, y a veces hasta hacía las ilustraciones ella misma.

En la familia de su padre todos son artistas. Sus padres le leían cuentos todas las noches. Fernanda piensa que eso le ayudó a seguir la carrera de escritora con tanto placer.

LA MARGARITA FRIOLENTA

Fernanda Lopes de Almeida

ilustraciones de Laura Liberatore

*H*abía una vez una margarita en
un jardín. Cuando cayó la noche,
la margarita comenzó a temblar. En eso,
llegó volando una mariposa azul.

—¿Por qué estás temblando? —preguntó
la mariposa.

—¡Frío!

—Es horrible tener frío. ¡Y en una noche tan oscura!

La margarita miró de reojo a la noche y se acurrucó en sus hojas.

—Tengo una idea. ¡Ya vengo!
—dijo la mariposa y voló al cuarto
de Ana María.

—¡Psss! ¡Despierta!

—¿Eres tú, mariposa? ¿Cómo estás?

—Yo estoy bien, pero la margarita
está mal.

—¿Qué tiene?

—Frío, pobrecita.

—Yo sé cuál es el remedio. Hay que traer a la margarita a mi cuarto. ¡Hay que traerla ya!

La mariposa azul buscó al perro Moleque:
—¿Puedes llevar esta maceta al cuarto
de Ana María?

Moleque era muy inteligente y cargó
la maceta muy bien.

Ana María les abrió la puerta y le dio
una rosquita a Moleque. Puso a
la margarita en su mesa de noche
y se acostó.

Al rato, escuchó un ruidito. Era
la maceta.

La margarita estaba temblando.

—¿Qué tienes?

—¡Frío!

—¿Todavía? Entonces, ya sé. Voy a traerte
una chaqueta.

Ana María le quitó la chaqueta a
la muñeca, porque la muñeca no tenía
nada de frío. Y se la puso a la margarita.

—Ahora estás bien. Duerme y sueña
con los ángeles.

Pero la que soñó con los ángeles fue Ana
María. La margarita seguía temblando.

Ana María se despertó con el ruidito.

—¿Otra vez? Entonces, ya sé. Te voy a
acomodar una casa.

Pero cuando se estaba durmiendo,
escuchó otra vez el ruidito. La margarita
seguía temblando.

Entonces, Ana María descubrió todo.
Se acercó a la margarita y le dio un beso.

La margarita dejó de temblar ahí mismo
y durmieron muy bien toda la noche.

Al día siguiente, Ana María le dijo
a la mariposa azul:
—¿Sabes, mariposa? El frío de
la margarita no era frío de chaqueta.

Y la mariposa respondió:

—Ah, ya entiendo.

Trato hecho

—Oye, pichoncito amigo,
yo quiero jugar contigo.
—Niño, si quieres jugar,
ven, sube a mi palomar.
—Me faltan alas, no puedo . . .
Baja tú, no tengas miedo.
—Sin miedo voy a bajar
y jugaré satisfecho;
pero trigo me has de dar.
—Pichoncito, trato hecho.

—Amado Nervo

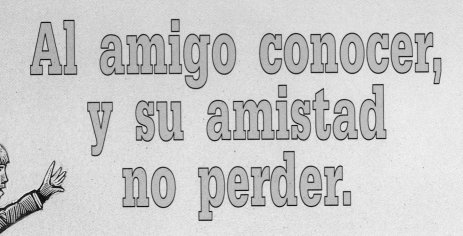

Al amigo conocer, y su amistad no perder.

Sapo y Sepo, inseparables
por Arnold Lobel
libro en español de Pablo Lizcano

Sapo y Sepo hacen de todo juntos. En los
capítulos de este libro, los verás trabajar
en el jardín, comer cosas deliciosas,
conversar y pasar de una aventura a
otra. A través de estas aventuras, verás
por qué son amigos inseparables.

162

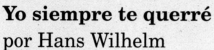

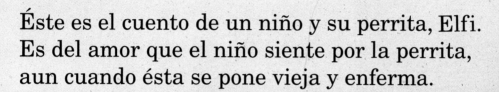

Yo siempre te querré
por Hans Wilhelm

Éste es el cuento de un niño y su perrita, Elfi.
Es del amor que el niño siente por la perrita,
aun cuando ésta se pone vieja y enferma.

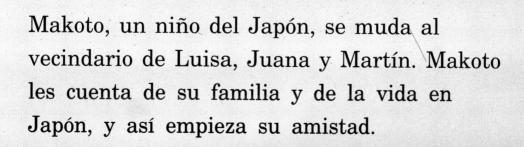

El amigo nuevo
por María Puncel

Makoto, un niño del Japón, se muda al
vecindario de Luisa, Juana y Martín. Makoto
les cuenta de su familia y de la vida en
Japón, y así empieza su amistad.

163

Conozcamos a Luz María Chapela

El papá de Luz María Chapela era escritor. Dice ella: —A mí me fascinaba estar ahí cuando mi papá sacaba la hoja de la máquina de escribir. Se ponía su saco y se salía de la casa con el paquete de letras bajo el brazo, para regresar unas horas más tarde con salchichas, frutas o pasteles. Me parecía un mago que cambiaba tinta por comida, letras por boletos del circo o viajes.

—Después, me volví maestra y descubrí que todos podemos escribir—sea a los cinco, veinte o noventa años. Este librito quiere decirte algo: lee, escribe, platica tus ideas, no te quedes callado y juega todo lo que puedas.

Vamos a

Querido Sebastián

Luz María Chapela

ilustraciones de
Gabriela Rodríguez

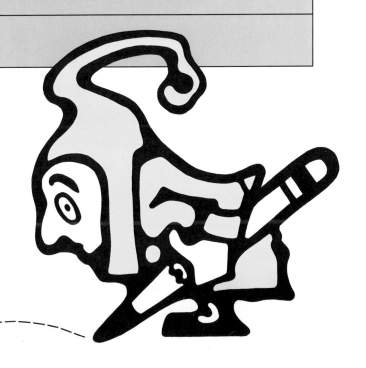

Querido
 Sebastián:
Te invito
 a jugar.
Tu amiga,
 María

167

Querida María:

¡A

qué

vamos a jugar?
Atentamente,

Sebastián

Querido
Sebastián:

Vamos a jugar
al columpio.
Cariñosamente,

María

Querida María: El columpio me

M I

174

Querido
Sebastián:

¿ Jugamos
a la reata ?

Cordialmente,
María

175

Querida

N

María:

sé brincar la reata.

Sinceramente,

Sebastián

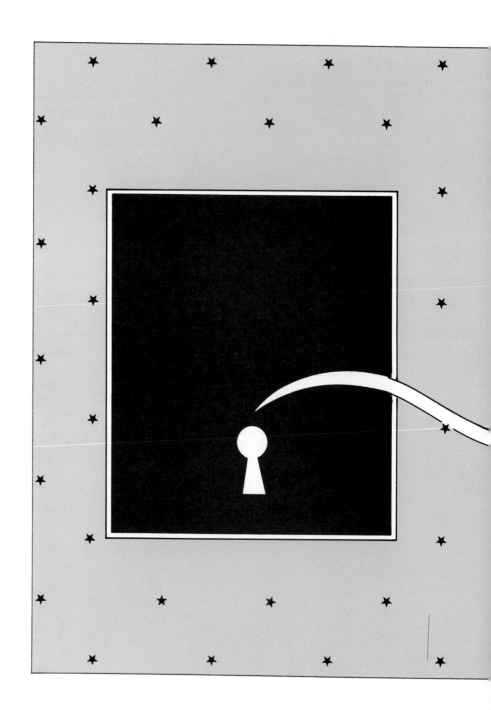

chE!

Saludos de
Sebastián

Querido Sebastián:

¿Vamos a atrapar luciérnagas? Espero tu respuesta.

Tu amiga, María

183

Querida
María:

¡pobre

¡Yo!
citas!

Con cariño,
Sebastián

Querido
Sebastián:
Entonces...

¿Qué quieres hacer?

Tu amiga,
María

187

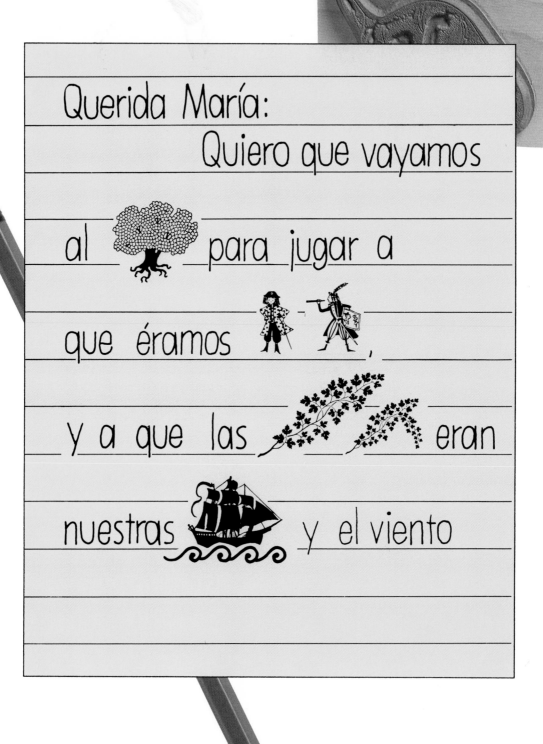

Querida María:

Quiero que vayamos

al 🌳 para jugar a

que éramos 🏴‍☠️🏴‍☠️,

y a que las 🌿🌿 eran

nuestras ⛵ y el viento

188

las empujaba, y a que los

 eran 🐉 y nos

querían comer.

¿Quieres venir?

Tu amigo,
Sebastián ✦

El lápiz

Así como Sebastián y María,
tú también puedes usar
un lápiz para escribir notas.
Pero puedes usar un lápiz de
muchísimas otras maneras.
¿Cuáles se te ocurren a ti?

un puente
para hormigas

un bastón
para un pollito

mágico

un asta
de bandera

unas agujas
para tejer

una cerca
para duendes

193

CUANDO EL SOL DESAPARECIÓ

▲

cuento tradicional
versión en español de Alma Flor Ada
basado en el libro de Mirra Ginsburg

▽

ilustraciones de Ron Grauer
fotos de Grant Huntington

194

Todas las mañanas, muy tempranito,
el gallo colorado cantaba alegremente:
—¡Kikirikí! ¡Kikirikí!

El sol se asomaba detrás de los cerros a
oírlo cantar. Y el cielo se ponía muy azul.

195

Un lunes por la mañana, el gallo cantó,
como todos los días: —¡Kikirikí! ¡Kikirikí!

Pero su amigo el sol no se asomó.
El cielo estaba cubierto de nubes negras.

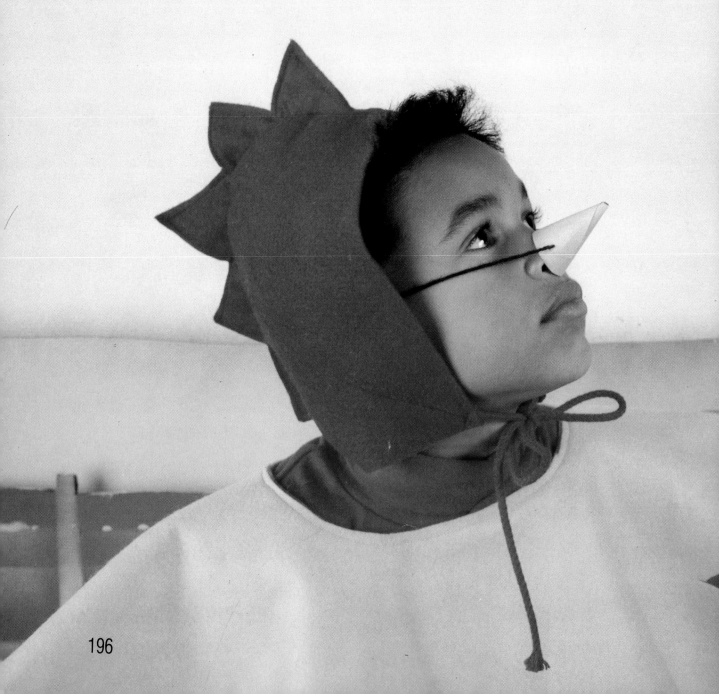

El martes por la mañana, el gallo cantó, esta vez con más fuerza: ––¡Kikirikí! ¡Kikirikí!

Pero el sol no se asomó. El cielo estaba cubierto de nubes negras, renegras.

El miércoles, el jueves y el viernes
el gallo cantó, con todititas sus fuerzas:
—¡KIKIRIKÍ! ¡KIKIRIKÍ!

Pero por más que cantó y cantó, el sol
no se asomó. El cielo seguía cubierto
de nubes negras, renegras, negrísimas.

Los gatitos y el perrito no
querían jugar. No era divertido
jugar bajo un cielo renegrido.
Y, además, hacía mucho frío
sin el sol.

—¡Vamos a buscar al sol!
—dijo el gatito blanco.

—¿Saben dónde vive?
—preguntó el gatito amarillo.

—No, no sabemos, pero
preguntando llegaremos
—dijo el perrito color café.

Y se fueron andando por el campo.

—Buenos días, señora mariposa
—dijeron los gatitos y el perrito.

—¿Adónde van? —preguntó
la mariposa multicolor.

—¡Buscamos al sol! —dijo
el gatito blanco—. ¿Sabe dónde vive?

—No, no sé. Preguntemos a la oruga
—respondió la mariposa.

202

Y siguieron su camino por el campo, andando y volando.

—Buenos días, señora oruga —dijeron los gatitos, el perrito y la mariposa multicolor.

—¿Adónde van? —preguntó la oruga anillada.

—¡Andamos buscando al sol! —dijo el gatito blanco—. ¿Nos podría decir dónde vive?

—No, no sé. Pero podemos preguntarle al conejo —dijo la oruga.

Y siguieron su camino por el campo,
andando, volando y arrastrándose.

—Buenos días, señor conejo —dijeron
los gatitos, el perrito, la mariposa y
la oruga anillada.

—¿Adónde van? —preguntó el conejo saltarín.

—¡En busca del sol! —dijo el gatito blanco—.
¿Tiene alguna idea de cómo encontrarlo?

—No. Lo siento. Pero podemos preguntarle
a la zorra —dijo el conejo.

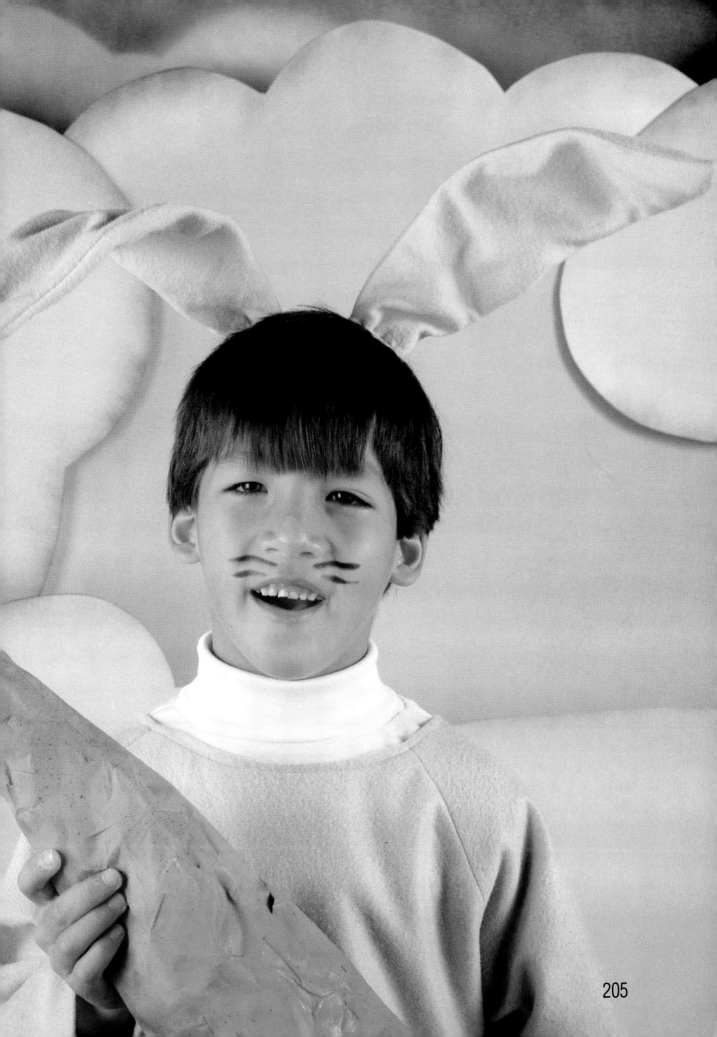

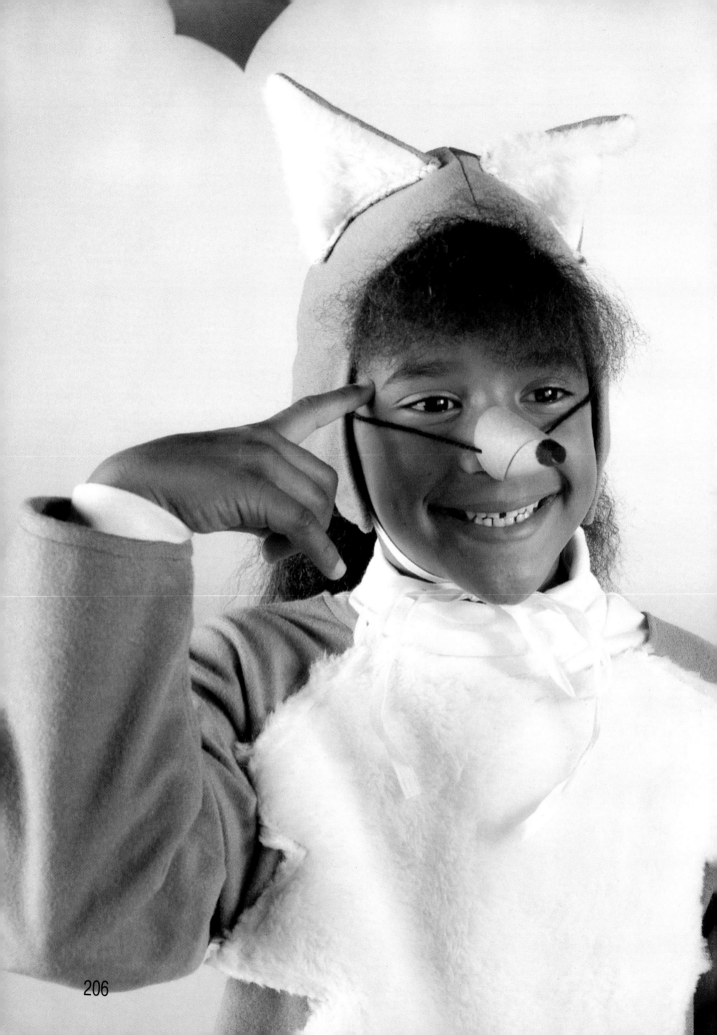

Y siguieron su camino por el campo,
andando, volando, arrastrándose
y saltando.

—Buenos días, señora zorra —dijeron
los gatitos, el perrito, la mariposa, la oruga y
el conejo saltarín.

—¿Adónde van? —preguntó la zorra lista.

—¡Buscamos al sol! —dijo el gatito blanco—.
¿Sabe dónde está?

—No, no tengo idea. Pero podemos
preguntarle a la tortuga —dijo la zorra.

Y siguieron su camino por el campo hasta el lago. Se fueron andando, volando, arrastrándose, saltando y corriendo.

—Buenos días, señora tortuga —dijeron los gatitos, el perrito, la mariposa, la oruga, el conejo y la zorra lista.

—Andamos buscando al sol. —dijo el gatito blanco—. ¿Sabe cómo encontrarlo?

—¡Claro que sí! —dijo la tortuga verde—. Al otro lado del lago hay una montaña. Sobre la montaña vuela el águila. Y del águila al sol es muy cerquita. Vengan conmigo.

Cruzaron el lago.

Subieron la montaña.

—Buenos días, señora águila —dijeron
los gatitos, el perrito, la mariposa, la oruga,
el conejo, la zorra y la tortuga.

—Buenos días —contestó el águila,
sorprendida de tener tantos visitantes.

—Andamos buscando al sol —dijo el gatito
blanco—. ¿Sabe dónde vive?

—Claro que sí —dijo el águila—. Vengan
conmigo.

El águila los llevó, suavecito, suavecito,
hasta el sol.

213

—Sol, sol, solecito —dijeron los gatitos,
el perrito, la mariposa multicolor, la oruga
anillada, el conejo saltarín, la zorra lista,
la tortuga verde y el águila majestuosa.

—¿Qué pasa, amiguitos? —preguntó el sol.

—Queremos verte. Hace mucho frío sin ti
—dijeron los gatitos.

—Y no es divertido jugar con tanta oscuridad
—dijo el perrito.

215

—¡Ay, ay! —dijo el sol—. Las nubes negras me han cubierto. Ya no sé cómo brillar.

Entonces los gatitos y el perrito,
la mariposa y la oruga, la tortuga, el conejo,
la zorra y el águila lavaron al sol y
espantaron a las nubes negras.

Lo frotaron, lo secaron, lo dejaron brillante.

Al día siguiente, el sol se asomó entre las nubes y las volvió blancas. Brilló, brilló y brilló.

Cuando el gallo lo vio asomarse, cantó feliz y con un gran ¡KIKIRIKÍ! saludó a su amigo el sol. Y todos los animales salieron alegremente a jugar.

Conozcamos a Alma Flor Ada

De chica Alma Flor Ada vivía en una
finca en el campo de Cuba. Dice ella:
—Me pasaba muchos días observando
la naturaleza y los animales. Me pasaba
horas junto al río mirando los peces,
las tortugas y las ranas. Fue el amor
a la naturaleza que me inspiró a escribir
esta versión de la leyenda eslovena.

Alma Flor Ada vive ahora en
California. Ha escrito muchos libros
y su obra es conocida en muchos
países. Ella cree que los libros son
muy buenos amigos. Aquí hay unos
libros que escribió ella. ¡A ver si van
a ser amigos tuyos!

Una semilla nada más
por Alma Flor Ada

Un niñito siembra una semilla. La riega, la cuida y espera. Crece un tallito y una hoja, pero nada más. El niñito y un pajarito se hacen amigos, y el pajarito le ayuda a cuidar su planta. Entonces crece algo maravilloso. ¿Qué será?

¿Quién nacerá aquí?
por Alma Flor Ada

En este libro podrás leer sobre diferentes animales que salen de huevos. Nacen en nidos, en hojas o en el agua. Los que son del mismo nido son buenos amiguitos. ¿Sabes tú qué animal pone huevos en la arena? Lee el libro y verás.

Un día, la cucarachita Martina preparó un guiso. Como se le había acabado la sal, le pidió al ratón Pérez que le cuidara el guiso, mientras ella iba a la tienda a comprarla. La cucarachita salió para la tienda, dejando al ratón Pérez en la cocina cuidando el guiso.

El ratón Pérez no pudo resistir la tentación. Se inclinó sobre la olla para probar una cebolla. Y, en eso, se cayó dentro de la olla. Cuando la cucarachita Martina regresó, lo encontró sin conocimiento dentro de la olla. Y así sigue el cuento de:

Cómo es que Ratón Pérez resucita y deja de llorar Cucarachita

cuento basado en el folklore
Herminio Almendros y Ruth Robés Masses
ilustraciones de Carlos Freire

La pobre cucarachita Martina estaba tan triste, que se sentó a llorar a la puerta de su casa.

En eso pasó un pajarito y le dijo:
—Cucarachita Martina, ¿por qué lloras?

La cucarachita contestó
suspirando:
—Porque el ratón Pérez
se cayó en la olla
por la golosina
de la cebolla.

—Pues yo, como pajarito,
me cortaré el piquito.

Se marchó el pajarito y, al verlo,
una paloma le preguntó:
—Pajarito, ¿por qué te cortaste
el piquito?

—Porque el ratón Pérez
se cayó en la olla
por la golosina
de la cebolla,
y la cucarachita
suspira y llora.

—Pues yo, como paloma,
me cortaré la cola.

La paloma fue a beber a una fuente y ésta le preguntó:
—Paloma, ¿por qué te cortaste la cola?

—Porque el pajarito
se cortó el piquito;
porque el ratón Pérez
se cayó en la olla
por la golosina
de la cebolla,
y la cucarachita
suspira y llora.

—Pues yo, como fuente,
secaré mi corriente.

Margarita, la criada del rey, fue
por agua a la fuente y, al ver
que estaba seca, le preguntó:
—Fuente, ¿por qué has secado
tu corriente?

—Porque la paloma
se cortó la cola;
porque el pajarito
se cortó el piquito;
porque el ratón Pérez
se cayó en la olla
por la golosina
de la cebolla,
y la cucarachita
suspira y llora.

—Pues yo, como Margarita,
voy a romper mi jarrita.

Cuando volvió al palacio,
le preguntó la reina:
—¿Por qué rompiste la jarra,
Margarita?

—Porque la fuente
secó la corriente;
porque la paloma
se cortó la cola;
porque el pajarito
se cortó el piquito;
porque el ratón Pérez
se cayó en la olla
por la golosina
de la cebolla,
y la cucarachita
suspira y llora.

—Pues yo, como soy reina,
me quitaré esta toca
y me pondré otra negra.

Entonces el rey le preguntó
a la reina:
—¿Por qué te has puesto
una toca negra?

—Porque Margarita
rompió la jarrita;
porque la fuente
secó la corriente;
porque la paloma
se cortó la cola;
porque el pajarito
se cortó el piquito;
porque el ratón Pérez
se cayó en la olla
por la golosina
de la cebolla,
y la cucarachita
suspira y llora.

—Pues yo, como soy rey,
me quito la corona
y echaré a correr.

Corriendo y volando llegó el rey
a casa del médico de palacio y
le dijo:
—Doctor, hay que salvar al
ratoncito Pérez.

El médico cogió su maletín y en un minuto llegó a casa de la cucarachita Martina.

Detrás de él iban el rey y la reina, Margarita, la paloma y el pajarito.

Entre todos sacaron al ratón Pérez
de la olla, lo acostaron y le dieron
un cocimiento de espinacas y
unas píldoras de vitaminas que
recetó el doctor.

Al poco rato el ratoncito Pérez
abrió los ojos, estornudó y se sentó
en la cama.

Cuando la cucarachita Martina vio
que su ratoncito estaba sano y
salvo, corrió a la cocina y se puso
a hacer engrudo para pegar
el piquito del pajarito, la cola de
la paloma y la jarra de Margarita.

La reina, muy contenta, fue
a cambiarse la toca negra por
una colorada.

El rey recogió su corona y se la
colocó muy derecha en la cabeza.

Y la fuente empezó a echar agua y
a cantar:

Este cuento entró
por un callejón dorado
y salió por otro plateado.
Pero el tuyo, mi niño,
no está empezado.

Conozcamos a Carlos Freire

Cuando sus hijos eran pequeños, Carlos Freire les contaba muchos cuentos, especialmente los que él había oído de chico cuando vivía en Chile. Entre ellos estaba el cuento del ratón Pérez.

El señor Freire se divirtió mucho ilustrando el cuento del ratón Pérez. Como el cuento viene de Puerto Rico, tuvo que aprender y estudiar mucho sobre las flores, la fruta y los animales de la isla. Si te fijas en los bordes de las páginas del cuento, verás coquíes, piñas, palmas, loros, hibiscos—todos típicos de Puerto Rico.

Si te gustaron estos dibujos graciosos, tal vez quieras leer *La oveja lanuda,* otro cuento ilustrado por Carlos Freire. En este libro verás dibujos chistosos de una oveja sorprendida.

Por el alto río...

Por el alto río,
por la bajamar,
Sapito y Sapón
se han ido a jugar.

En una barquita
de plata y cristal,
ayer por la tarde
los vieron pasar
con Pedro Gorgojo,
con Pancho Pulgar,
con Juan Ropavieja
y Aurora Boreal.

¡Qué suave era el viento,
qué azul era el mar,
qué blancas las nubes
en lento vagar,
qué alegres las islas
de rojo coral!

Por el alto río,
por la bajamar,
Sapito y Sapón
se han ido a jugar.

—Nicolás Guillén

INFORMACIÓN ILUSTRADA

¡GUÍA PARA LAS DESTREZAS Y FUENTES DE INFORMACIÓN PARA LOS CUENTOS QUE ESTÁS LEYENDO!

CONTENIDO

ABRIL						
DOM.	LUN.	MAR.	MIÉR.	JUE.	VIER.	SÁB.
				1	2	3
4	5	6	7	8	9	10
11	12	13	14	15	16	17
18	19	20	21	22	23	24
25	26	27	28	29	30	

Dibujos hechos en una semana 🖊 = 1 dibujo	
María	🖊🖊🖊🖊🖊
Jaime	🖊🖊
Lilia	🖊🖊🖊
Manuel	🖊🖊🖊🖊🖊🖊🖊🖊🖊🖊🖊🖊
Marta	🖊🖊🖊🖊🖊🖊🖊

CALENDARIO

1993

ENERO

DOM.	LUN.	MAR.	MIÉR.	JUE.	VIER.	SÁB.
					1	2
3	4	5	6	7	8	9
10	11	12	13	14	15	16
17	18	19	20	21	22	23
24/31	25	26	27	28	29	30

FEBRERO

DOM.	LUN.	MAR.	MIÉR.	JUE.	VIER.	SÁB.
	1	2	3	4	5	6
7	8	9	10	11	12	13
14	15	16	17	18	19	20
21	22	23	24	25	26	27
28						

MARZO

DOM.	LUN.	MAR.	MIÉR.	JUE.	VIER.	SÁB.
	1	2	3	4	5	6
7	8	9	10	11	12	13
14	15	16	17	18	19	20
21	22	23	24	25	26	27
28	29	30	31			

ABRIL

DOM.	LUN.	MAR.	MIÉR.	JUE.	VIER.	SÁB.
				1	2	3
4	5	6	7	8	9	10
11	12	13	14	15	16	17
18	19	20	21	22	23	24
25	26	27	28	29	30	

MAYO

DOM.	LUN.	MAR.	MIÉR.	JUE.	VIER.	SÁB.
						1
2	3	4	5	6	7	8
9	10	11	12	13	14	15
16	17	18	19	20	21	22
23/30	24/31	25	26	27	28	29

JUNIO

DOM.	LUN.	MAR.	MIÉR.	JUE.	VIER.	SÁB.
	1	2	3	4	5	
6	7	8	9	10	11	12
13	14	15	16	17	18	19
20	21	22	23	24	25	26
27	28	29	30	31		

JULIO

DOM.	LUN.	MAR.	MIÉR.	JUE.	VIER.	SÁB.
				1	2	3
4	5	6	7	8	9	10
11	12	13	14	15	16	17
18	19	20	21	22	23	24
25	26	27	28	29	30	31

AGOSTO

DOM.	LUN.	MAR.	MIÉR.	JUE.	VIER.	SÁB.
1	2	3	4	5	6	7
8	9	10	11	12	13	14
15	16	17	18	19	20	21
22	23	24	25	26	27	28
29	30	31				

SEPTIEMBRE

DOM.	LUN.	MAR.	MIÉR.	JUE.	VIER.	SÁB.
			1	2	3	4
5	6	7	8	9	10	11
12	13	14	15	16	17	18
19	20	21	22	23	24	25
26	27	28	29	30		

OCTUBRE

DOM.	LUN.	MAR.	MIÉR.	JUE.	VIER.	SÁB.
					1	2
3	4	5	6	7	8	9
10	11	12	13	14	15	16
17	18	19	20	21	22	23
24/31	25	26	27	28	29	30

NOVIEMBRE

DOM.	LUN.	MAR.	MIÉR.	JUE.	VIER.	SÁB.
	1	2	3	4	5	6
7	8	9	10	11	12	13
14	15	16	17	18	19	20
21	22	23	24	25	26	27
28	29	30				

DICIEMBRE

DOM.	LUN.	MAR.	MIÉR.	JUE.	VIER.	SÁB.
			1	2	3	4
5	6	7	8	9	10	11
12	13	14	15	16	17	18
19	20	21	22	23	24	25
26	27	28	29	30	31	

AÑO

CALENDARIO

ABRIL

DOM.	LUN.	MAR.	MIÉR.	JUE.	VIER.	SÁB.
				1	2	3
4	5	6	7	8	9	10
11	12	13	14	15	16	17
18	19	20	21	22	23	24
25	26	27	28	29	30	

MES

DICCIONARIO

objeto
Un **objeto** es una cosa que se puede ver. El **objeto** que vi en el dibujo era un sillón azul. ▲ **objetos**

oboe
Un **oboe** es un instrumento musical de viento. Lisa practica el **oboe** todos los días. ▲ **oboes**

obra
Una **obra** es un trabajo de un artista como un escritor, pintor, artesano o actor. Las **obras** de Velázquez, un pintor famoso, son magníficas. ▲ **obras**

El Infante Baltasar Carlos es una **obra** muy conocida de Velázquez. (Nimatallah/Art Resource,NY)

océano
Un **océano** es una extensión grande de agua salada. El barco tarda tres días en cruzar el **océano.** ▲ **océanos**

ocre
Se le dice **ocre** al color amarillo oscuro. El artista usa el color **ocre** para pintar el desierto.

olla
Una **olla** es una vasija redonda de barro o metal que se usa para cocinar. Mamá hizo un guiso en la **olla.** ▲ **ollas**

Victoria prueba el guiso que hizo su mamá en la **olla.**

62

DICCIONARIO

piloto
Un **piloto** es la persona que maneja un avión. El **piloto** aterrizó el avión. ▲ **pilotos**

pimpollo
Un **pimpollo** es una flor que no se ha abierto todavía. El **pimpollo** de la rosa se abrió con el calor del sol. ▲ **pimpollos**

pincel
Un **pincel** es una pequeña brocha que se usa para pintar. Un pincel tiene un mango de madera o plástico y una punta de pelo de animal. Para pintar uso pintura y **pincel.** ▲ **pinceles**

El **pintor** pintó el retrato de mi hermanito.

pintar
Pintar es hacer un dibujo con pintura. **Pintar** también es poner pintura en algo, como en una pared. El sábado Mamá va a **pintar** las paredes de mi cuarto.

pintor
Un **pintor** es una persona que pinta algo, como un dibujo o un objeto. El **pintor** pintó toda la casa de color café. ▲ **pintores**

pintura
Pintura es un líquido espeso que se usa para poner color a un dibujo o un objeto. Se usa **pintura** para colorear dibujos. ▲ **pinturas**

piña
Una **piña** es una fruta grande y amarilla por dentro. Me comí dos rebanadas de **piña.** ▲ **piñas**

Olivia compró una **piña** para su mamá.

75

INSTRUCCIONES

Querido
Sebastián:

Vamos a jugar
al columpio.
Cariñosamente,

María

CALLE OLIMPIA

MI CASA

☐ 15

CALLE CLEMENTINA

CALLE SAN PABLO

PARQUE

CALLE MONTE VERDE

ENTRADA A LA ESCUELA

Para ir de la escuela a mi casa:
1. Al salir de la escuela, dobla a la derecha y camina a la calle San Pablo.
2. Dobla a la izquierda en la calle San Pablo.
3. Camina hasta la calle Clementina y crúzala.
4. Dobla a la derecha, camina hasta la calle Olimpia y crúzala.
Mi casa es la segunda de la esquina.

GRÁFICAS

Dibujos hechos en una semana 🖊 = 1 dibujo	
María	🖊🖊🖊🖊🖊
Jaime	🖊🖊
Lilia	🖊🖊🖊
Manuel	🖊🖊🖊🖊🖊🖊🖊🖊🖊🖊
Marta	🖊🖊🖊🖊🖊🖊

CUENTOS PREFERIDOS DE ANIMALES

📘 = 1 cuento

pájaros	gatos	perros	caballos	vacas	conejos

Glos

En este glosario puedes encontrar
el significado de algunas de
las palabras más difíciles del libro.

ario

Las palabras aparecen en orden alfabético. En la parte de arriba de cada página están las palabras guía que son la primera y la última palabra de esa página.

A

acurrucó

Una persona se **acurruca** cuando se acomoda y se encoge para calentarse. El niño se **acurrucó** en los brazos de su mamá.

▲ **acurrucarse**

adornar

Adornar quiere decir decorar. Van a **adornar** el salón con flores para la fiesta.

afectuosamente

Afectuosamente quiere decir con cariño. Mis amigos me saludaron **afectuosamente.**

262

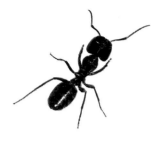

antena

Una **antena** es uno de los cuernitos que tienen los insectos en la cabeza. Gracias a sus **antenas** la hormiga encontró el granito de azúcar. ▲ **antenas**

callejón

Un callejón es una calle angosta. El perro corrió por el **callejón.** ▲ **callejones**

colonia

Una **colonia** es un grupo de animales que viven en el mismo lugar. Vi una **colonia** de hormigas. ▲ **colonias**

263

conocimiento

Estás sin **conocimiento** cuando te desmayas. Ema se golpeó la cabeza y perdió el **conocimiento.**

corriente

Una **corriente** es el movimiento del agua en una sola dirección. La **corriente** se llevó el velero.

▲ **corrientes**

cremallera

Una **cremallera** es un cierre. Elvia cerró la **cremallera** de su chaqueta porque hacía frío. ▲ **cremalleras**

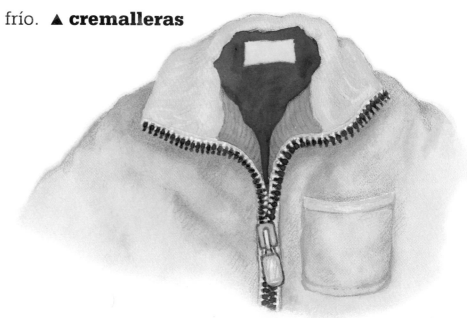

D

desván

Un **desván** es un cuarto en la parte de arriba de una casa. Puse las cajas de ropa vieja en el **desván.** ▲ **desvanes**

E

engordó

Una persona que come mucho **engorda**. Le queda chica la ropa porque **engordó.** ▲ **engordar**

engrudo

Engrudo es pegamento hecho de harina y agua. Se usa **engrudo** para pegar papel.

265

escarabajo

Un **escarabajo** es un insecto con un par de alas duras y seis patas. Hay un **escarabajo** en la maceta. ▲ **escarabajos**

espuma

La **espuma** es un conjunto de burbujas que se forma cuando se bate un líquido. Hice **espuma** con agua y jabón. ▲ **espumas**

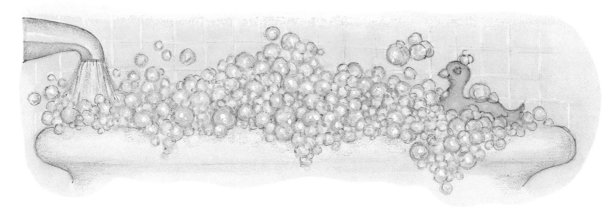

G

guiso

Un **guiso** es una comida preparada a fuego lento. Mamá sirvió el **guiso** en platos hondos. ▲ **guisos**

I

inclinarse

Inclinarse quiere decir doblar el cuerpo
hacia un lado. Julio tuvo que **inclinarse**
para ver bien.

interminable

Interminable quiere decir que no tiene fin.
El camino me pareció **interminable.**

▲ **interminables**

L

luciérnaga

La **luciérnaga** es un insecto que brilla
en la noche. Anoche Marisa vio una
luciérnaga por la ventana.

▲ **luciérnagas**

N

néctar

Las flores producen un jugo dulce llamado **néctar**. Las abejas se llevan el **néctar** a la colmena. ▲ **néctares**

O

oruga

Una **oruga** es un gusanito que luego se convierte en mariposa. La **oruga** se pasa el día comiendo hojas. ▲ **orugas**

P

planeta

La Tierra es un **planeta.** En el espacio hay nueve **planetas.** ▲ **planetas**

R

reata

Una **reata** es una cuerda. Elisa aprendió a brincar la **reata**. ▲ **reatas**

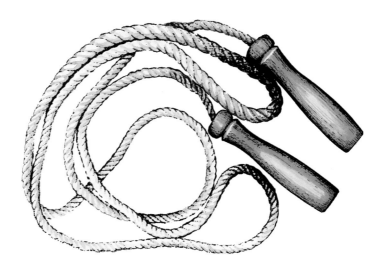

remendarse

Remendarse quiere decir arreglarse. La mamá de Rosita le enseñó a **remendarse** la chaqueta.

remolcar

Remolcar es hacer andar algo jalándolo. Con mi grúa voy a **remolcar** mi carro.

reojo

Cuando ves algo de **reojo**, lo ves de lado sin voltear la cabeza. Estaba leyendo, pero de **reojo** vi pasar al perro.

resucita

Resucita quiere decir que vuelve a vivir. El ratoncito **resucita** justo cuando pensaban que había muerto. ▲ **resucitar**

reventó

Reventar es lo mismo que explotar. El globo se **reventó**. ▲ **reventar**

rosquita

Se le dice **rosquita** a un panecillo en forma de dona. Compré una **rosquita** en la panadería. ▲ **rosquitas**

toca

Una **toca** es una tela que se usa para cubrirse la cabeza. La princesa se puso una **toca** azul. ▲ **tocas**

veneno

Veneno es un polvo o un líquido que le hace daño a la gente. La víbora tiene **veneno** en los dientes. ▲ **venenos**

271